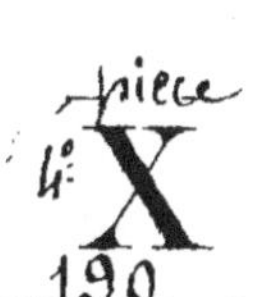

NOTICE SUR LA

SOCIÉTÉ POUR LA PROPAGATION

DES

LANGUES ÉTRANGÈRES

EN FRANCE

Fondée par J.-B. RAUBER

(Déclarée le 20 décembre 1901)

Siège social et Secrétariat :

HOTEL DES SOCIÉTÉS SAVANTES : 28, RUE SERPENTE

Médaille d'Or à l'Exposition internationale de Bruxelles (1897)
2 Médailles d'Or à l'Exposition universelle de 1900

ENSEIGNEMENT GRATUIT DE LANGUES VIVANTES

ALLEMAND. — ANGLAIS. — ESPAGNOL. — ITALIEN. — RUSSE. — ARABE, ETC.

L'ŒUVRE POLYGLOTTE DE LA SOCIÉTÉ COMPREND :

Cours normaux supérieurs. — Cours commerciaux supérieurs. — Cours moyens. — Cours élémentaires pour enfants, — Séances de conversation en cinq langues. — Conférences en six langues. — Représentations scéniques et soirées littéraires et musicales en cinq langues. — Enseignement par correspondance, *gratuit pour les Sociétaires.* — Correspondances scolaires internationales. — Bibliothèque polyglotte. — Salle de lecture. — Prêt gratuit de livres à domicile. — Bourses de séjour à l'étranger. — Bulletin mensuel. — Office gratuit d'offres et demandes de leçons, d'emplois et de traductions.

EXTRAIT DES STATUTS

CHAPITRE PREMIER

BUT ET MOYENS

Article premier. — La *Société pour la propagation des langues étrangères en France*, fondée le 22 mars 1891, a pour but de travailler, de concert avec l'État, la Ville de Paris et les Institutions pour la défense des intérêts professionnels (*Chambre de commerce, Chambres syndicales, etc.*), à la diffusion de l'enseignement des langues étrangères.

Ses moyens d'action tendent à :

1° Inspirer à la jeunesse française le désir d'apprendre les langues modernes, le goût des voyages d'études en pays étrangers, source de précieux renseignements sur les besoins, les usages, le mouvement intellectuel et économique des autres peuples ;

2° Faire appel aux lumières de toutes les personnes compétentes pour

NOTICE SUR LA

SOCIÉTÉ POUR LA PROPAGATION

DES

LANGUES ÉTRANGÈRES

EN FRANCE

LA SOCIÉTÉ DEPUIS SON ORIGINE JUSQU'AU 1ᵉʳ JUILLET 1900

PAR

M. BAROT

(Communication faite au *Congrès international de l'enseignement des Langues vivantes de 1900*.)

MACON

PROTAT FRÈRES, IMPRIMEURS

—

1902

LA SOCIÉTÉ

POUR LA

PROPAGATION DES LANGUES ÉTRANGÈRES EN FRANCE

HISTORIQUE. — MOYENS D'ACTION
MÉTHODES D'ENSEIGNEMENT
TABLEAU SYNOPTIQUE, PAR ANNÉE, DES RÉSULTATS
OBTENUS. — CARACTÈRE SOCIAL DE L'ŒUVRE

C'est le 22 mars 1891 qu'un directeur d'école privée de Paris, M. J.-B. Rauber, prit l'initiative de sa fondation et organisa un premier groupement avec le concours de MM. Ch. Schweitzer et de La Quesnerie, professeurs agrégés de l'Université, et de quelques élèves des cours de langues vivantes de l'Hôtel de Ville, pour la plupart instituteurs et institutrices de la Ville de Paris.

Elle est aujourd'hui installée à l'Hôtel des Sociétés savantes, rue Serpente, 28, et compte, après neuf ans d'existence, 3600 membres, appartenant au monde savant, enseignant, industriel, commercial, et, à l'armée.

Ce succès rapide montre que cette création répondait à un réel besoin. Mais il s'explique aussi par la direction toute spéciale qui fut donnée à l'œuvre, et par les principes originaux qui présidèrent à son organisation.

Considérant la nécessité d'étendre et de défendre notre puissance économique, et, d'autre part, le devoir civique de contribuer à la défense des intérêts militaires de la nation, la Société s'est proposé de donner une vigoureuse impulsion à l'enseignement pratique des langues vivantes, dont l'usage est l'instrument par excellence d'échange et d'information.

Elle veut aussi répandre cet usage chez les adultes, en se plaçant au point de vue de leur intérêt propre. C'est leur donner, pense-t-elle, un outil professionnel de plus, dans les emplois d'administration, de commerce, d'industrie, et qui leur permettra de rendre leur travail plus productif et plus lucratif.

Soucieuse enfin de l'éducation morale, la Société cherche à retenir l'adulte le plus longtemps possible dans des préoccupations studieuses, intellectuelles, pour le divertir, le distraire d'autres préoccupations plus ou moins saines et même malsaines. Or, l'étude des langues exige un long entraînement : c'est un travail de longue haleine, où l'on ne réussit que par la pratique ininterrompue, où un progrès incite à d'autres progrès, où, pour ne pas perdre l'acquis, il faut toujours s'entretenir, ce qui emploie et intéresse l'activité de la jeunesse.

Son caractère excessivement utile lui a valu le patronage des deux Ministères de l'Instruction publique et du Commerce, qui lui accordent chaque année d'importantes subventions. Le Conseil municipal de Paris, le Conseil général de la Seine, la Caisse des Écoles de plusieurs arrondissements, le Syndicat général du Commerce et de l'Industrie et la Chambre de commerce de Paris lui donnent également un appui moral et financier, montrant par là le grand intérêt qu'ils portent à ses efforts.

La Société se compose :

1º De membres bienfaiteurs, qui font un don minimum de mille francs ;

2º De Membres fondateurs, qui font un don minimum de cinq cents francs ou que payent une cotisation annuelle de cent francs ;

3º De Membres donateurs, qui font un don minimum de cent francs, ou qui payent une cotisation annuelle de vingt francs ;

4º De Membres titulaires, qui font un don minimum de soixante francs ou qui payent une cotisation annuelle minimum de six francs.

Elle est administrée par un Conseil de trente membres élus en assemblée générale pour deux ans, renouvelables annuellement par moitié, et dont les fonctions sont gratuites. Le Conseil choisit parmi ses membres un Président, et deux Vice-Présidents qui, assistés du Secrétaire général, des Secrétaires et du Trésorier, constituent le Bureau.

Voyons rapidement comment la Société a organisé son œuvre d'instruction, de récréation et de solidarité.

ŒUVRE D'ENSEIGNEMENT

Convaincue de l'importance capitale de la méthode en matière d'enseignement, la Société s'est attachée, dès l'origine, à recruter et à former un bon personnel enseignant.

Pour atteindre ce but, elle a eu recours à divers moyens : Institution de conférences sur l'art d'enseigner les langues vivantes ; Concours pédagogique sur des questions relatives aux langues vivantes ; Réunions mensuelles entre ses professeurs, ayant pour objet la pédagogie théorique et pratique des langues vivantes en France et à l'étranger ; Organisation, à titre de champs d'expérience, de cours pratiques pour enfants de huit à quatorze ans où les procédés recommandés seraient appliqués ; voire même organisation de Congrès nationaux et internationaux.

Sans s'attarder aux détails de chacune de ces tentatives, il est permis d'en signaler rapidement les traits essentiels.

En 1893, M. Jules Steeg, inspecteur général de l'Instruction Publique, faisait, à la Sorbonne même, une conférence retentissante (*Méthode et Enseignement*) au cours de laquelle il mettait en relief la haute portée des efforts de la Société sur ce point ; c'était encore, en 1897, un intéressant exposé de la *Méthode Gouin*, par un professeur de l'École Alsacienne, M. Dussauge, et, en 1898, un éloquent plaidoyer pour *Le mouvement réformiste dans l'enseignement des Langues vivantes*, par M. Schweitzer, docteur ès lettres, professeur agrégé au lycée Janson-de-Sailly.

Entre temps, deux concours de pédagogie avaient été ouverts; le premier, en 1895, portait sur les sujets suivants : « 1° Tant vaut le maître, tant vaut l'enseignement »; 2° « La méthode a une grande importance sur les résultats de l'enseignement. Le matériel est entièrement subordonné à la méthode, et doit être établi d'après les règles qu'elle pose. Les professeurs, qui sont l'âme de l'enseignement, et sans le zèle desquels aucun résultat ne saurait être obtenu, ne peuvent rien d'eux-mêmes s'ils ne sont pas soutenus par une bonne méthode » (Émile Levasseur).

Sur six mémoires présentés, un seul était primé, celui de M. Gaston Lemaire.

Le second concours, en 1898, avait pour sujet : *De la méthode directe dans l'enseignement des langues vivantes.*

Dix-huit mémoires étaient présentés et trois d'entre eux étaient primés dans l'ordre suivant : Une *médaille d'or* était attribuée à M. Laudenbach, professeur agrégé au Lycée Saint-Louis; une *médaille de vermeil*, à M. Paul Passy, docteur ès lettres, sous-directeur à l'École des Hautes-Études; une *médaille d'argent*, à M. Delobel, professeur agrégé au Lycée de Beauvais.

Quant aux réunions pédagogiques rassemblant chaque année les professeurs de la *Société*, elles permettaient à ceux-ci, grâce à des échanges de vues sincères et à des discussions amicales, de fixer à leur enseignement non pas une méthode rigoureusement stricte et invariable, mais des principes directeurs auxquels chacun pouvait accommoder ses procédés particuliers d'enseignement. Ces principes, ils étaient encore le résultat, d'autre part, de cours pratiques organisés pour un auditoire enfantin, tant au siège social qu'en diverses sections, et dont il était permis à chacun d'examiner la conduite et de constater les résultats effectifs.

Enfin, non contente d'avoir participé aux Congrès des Sociétés Savantes, notamment aux Congrès du Hâvre et de Bordeaux, où des délégués envoyés par elle faisaient en son nom d'importantes communications, la Société prenait en 1900 l'initiative de l'organisation du Congrès actuel.

Dans l'impossibilité de s'étendre sur les faces multiples de son activité, nous ne donnerons qu'une rapide esquisse de son œuvre d'enseignement proprement dit.

Elle enseigne treize langues : allemand, anglais, arabe, espagnol, hollandais, italien, japonais, portugais, roumain, russe, langues scandinaves, dans des cours, séances de conversation, conférences ; au moyen de leçons par correspondance, de lectures à la bibliothèque, ouverte chaque soir de 8 à 10 heures, et le dimanche, de 9 à 11 heures du matin, et enfin par des voyages à l'étranger, pour lesquels elle délivre des bourses après concours.

Les 98 cours qu'elle a fondés à Paris, dans neuf sections, sont faits chacun deux fois par semaine, d'octobre à juillet, par des professeurs bénévoles, hommes et femmes, dont plusieurs sont agrégés ou licenciés, et comprennent :

Des cours élémentaires spéciaux pour enfants, garçons et filles, âgés de 8 à 14 ans.

Des cours élémentaires et moyens qui reçoivent les adultes des deux sexes dans la langue étrangère.

Des cours normaux supérieurs professés en langue étrangère, préparant aux examens et brevets de langues vivantes, institués par l'État.

Des cours commerciaux supérieurs, comprenant la géographie, la correspondance et la comptabilité, également professés dans la langue étrangère et préparant aux concours pour les bourses de séjour à l'étranger et aux voyages d'affaires.

Des cours d'allemand, appliqués à l'étude des termes de médecine et de droit, professés en langue étrangère, et destinés aux étudiants des facultés de Paris.

En outre, des séances de conversation ont été créées, dans le but d'habituer les auditeurs à saisir la parole au vol, et à parler la langue couramment. Certaines de ces séances, — celle, de langue anglaise, par exemple, — ne réunissent pas moins de 100 à 150 auditeurs, ce qui prouve leur utilité. Le trop grand nombre d'assistants n'étant pas sans comporter quelques inconvénients pour certaines personnes effrayées de s'exercer devant un tel auditoire, à côté des séances publiques et sur la demande de plusieurs de ses membres, la Société a été amenée à en fonder d'autres, réservées à un nombre limité d'auditeurs, dirigées par des professeurs étrangers, et pour lesquelles une légère rétribution est réclamée, une indemnité étant par exception accordée aux directeurs de ces séances. C'est la seule dérogation au principe de gratuité appliqué par la Société dans son œuvre d'enseignement.

Enfin des conférences en six langues étrangères sont faites à la Sorbonne, chaque année, soit par des professeurs français, soit par des lettrés étrangers, sur des sujets littéraires ou historiques. Depuis l'origine, plus de 160 conférences de ce genre ont été faites, avec un succès de plus en plus grand.

Une des caractéristiques de la Société, nous l'avons dit plus haut, a été la création des bourses de séjour à l'étranger. Voici comment fonctionne cette organisation :

Chaque année, à la suite d'un concours présidé par des Inspecteurs généraux de l'Instruction publique et des inspecteurs régionaux de l'enseignement commercial, la Société, grâce à ses ressources propres et aussi aux subventions qu'elle tient de la confiance des ministères de l'Instruction publique et du Commerce, envoie une quinzaine de jeunes gens faire un séjour de deux ou trois mois en pays de langue allemande, anglaise ou espagnole.

Ces jeunes gens, instituteurs ou employés de commerce des deux sexes, doivent écrire chaque quinzaine un rapport en langue étrangère sur l'emploi de leur temps et sur un objet particulier d'étude. Ces rapports sont corrigés par des professeurs agrégés, membre du jury d'examen, et envoyés aux Ministères susmentionnés.

Plusieurs bénéficiaires de ces bourses, de 300 et de 450 fr., intéressés par ce premier contact avec l'étranger, retournent à leurs frais faire un nouveau séjour pour se perfectionner dans la langue étudiée.

Depuis son origine (1891), la Société a envoyé 95 boursiers en Allemagne, en Suisse, en Angleterre et en Espagne. La plupart ont retiré le plus grand profit de ce séjour, ainsi qu'en témoignent les rapports des correcteurs, et beaucoup ont conquis, par la suite, des grades, des brevets d'enseignement pour les langues vivantes. Exactement 31 de ces anciens boursiers ont, en outre, obtenu le certificat d'aptitude à l'enseignement des langues dans les lycées et collèges.

Enfin, la partie pratique de l'enseignement de la Société a été complétée par la création d'un enseignement par correspondance, particulièrement utile pour les personnes n'ayant pas le temps ou l'occasion de suivre les leçons, et par l'adjonction d'une bibliothèque polyglotte dont les volumes, au nombre de près de 4000, sont mis gratuitement à la disposition des sociétaires.

ŒUVRE DE RÉCRÉATION

En neuf années la Société a donné 50 représentations scéniques, toutes très suivies et très goûtées. Professeurs et élèves y payent de leur personne et de leurs talents. Certaines pièces allemandes et anglaises ont été représentées devant un public de 500 et même de 700 personnes, où se rencontrent de hautes personnalités appartenant à la diplomatie, aux beaux-arts, à l'enseignement, au commerce, etc.

Les rôles y sont tenus sans prétention au grand art scénique, mais avec entrain, et, par certains élèves, avec une assurance de plus en plus ferme dans l'expression et dans l'action.

La Société donne en outre des soirées musicales et littéraires dont le programme est toujours emprunté aux répertoires étrangers. Ces fêtes sont organisées par ses deux chorales de langue anglaise et de langue allemande auxquelles s'adjoint souvent le concours de grands artistes.

Ajoutons à la liste des récréations des promenades à la campagne et des visites aux Musées de Paris, où la conversation est obligatoirement anglaise, espagnole, allemande ou italienne.

Enfin, chaque année, la Société ouvre ses cours et conférences dans le grand amphithéâtre de la Sorbonne par une fête où d'éminents conférenciers comme MM. Levasseur, de l'Institut; Dejob, de la Sorbonne; Steeg, M. Wahl, inspecteurs généraux, Chailley-Bert, secrétaire général de l'Union coloniale française; Ch. Schweitzer, agrégé au lycée Janson-de-Sailly, Lyon-Caen, membre de l'Institut, etc., lui apportent, tour à tour, le témoignage public des sympathies précieuses qu'excite son œuvre utile.

ŒUVRE DE SOLIDARITÉ

La Société n'a pas oublié le complément nécessaire de toute association : les institutions de solidarité. Elle a un office de placement gratuit, grâce auquel elle parvient à procurer des emplois, leçons, traductions et préceptorats, à ses membres en quête de travail.

Son *Bulletin* publie les offres et les demandes adressées au siège socia..

Après ce résumé concis des efforts faits par la Société pour atteindre le but qu'elle s'était proposé, qu'il soit permis de faire une dernière constatation, à savoir que toute l'œuvre est gratuite.

Les *Administrateurs*, *Professeurs*, *Membres des commissions d'examen*, *Conférenciers*, etc. donnent un concours entièrement désintéressé, apportant à l'œuvre leurs cotisations personnelles, leur temps et leurs talents. Tous estiment que cette forme de contribution individuelle à l'œuvre nationale de l'éducation des adultes est de pure tradition française et démocratique.

Une originalité de la Société a été la part considérable prise par les femmes dans l'œuvre commune.

Tous les groupements sont de composition mixte dans la Société : Conseil d'administration ; corps enseignant (professeurs et conférenciers) ; auditoires ; chorales. On a à peine besoin d'ajouter que la tenue, à ces cours, conférences, causeries familières, séances récréatives, etc., où viennent des personnes de tout âge, est du meilleur ton.

Par ses origines modestes, par la qualité de ses fondateurs appartenant aux trois ordres d'enseignement, par l'ensemble de ses organes, très divers, coordonnés, très exactement adaptés à leurs fonctions, par l'esprit de patriotisme pratique qui l'anime, par l'objet spécial qu'elle s'est proposé, et aussi par les adhésions et les sympathies qu'elle a su recueillir dans toutes les catégories sociales : monde politique, scientifique, artistique, industriel, commerçant, la Société des langues étrangères est une preuve manifeste de ce que peut l'initiative privée s'exerçant sur un objet d'intérêt à la fois général et précis, s'y tenant avec persévérance, et le perfectionnant sans cesse avec méthode, et surtout grâce aux ressources qui viennent toujours dans les œuvres de libre élan, de l'ingéniosité du cœur et de l'esprit.

ANNEXE I

TABLEAU SYNOPTIQUE

*De l'Œuvre polyglotte réalisée du 23 mars 1891 au 31 décembre 1899
par la Société pour la Propagation des Langues étrangères en France.*

Personnel et Budget	1891	1892	1893	1894	1895	189	1897	1898	1899
Nombre de Sociétaires au 31 décembre	169	322	479	819	1279	2831	2407	3047	3492
Recettes au 31 décembre	3820 f	7136 f	8688 f	14798 f	20396 f	24205 f	25400 f	26100 f	27500 f
Cours supérieurs et cours moyens									
Nombre de cours de langues modernes	60	64	66	71	76	84	86	86	98
Nombre de professeurs	20	24	26	27	36	39	54	54	60
Nombre d'élèves	651	721	989	1034	1142	1350	1660	1710	1880
Nombre de langues enseignées	4	4	5	5	6	6	7	7	13
Séances de conversation en six langues									
Nombre de séances de conversation	36	36	54	66	70	70	80	80	96
Nombre d'auditeurs aux séances de conversation	960	1020	1620	1800	2200	2360	2540	2600	2800
Conférences en six langues									
Nombre de conférences	16	18	12	14	16	15	20	22	18
Nombre d'auditeurs aux conférences	3000	2300	2100	2300	3000	2400	3700	3800	4000
Représentations en cinq langues :									
Nombre de représentations scéniques	»	1	5	4	4	6	7	6	6
Nombre d'auditeurs aux représentations	»	90	1900	2600	2600	3600	3700	3600	3800
Soirées littéraires et musicales en cinq langues									
Nombre de soirées littéraires et musicales	»	«	»	1	2	2	4	5	2
Nombre d'auditeurs	»	»	»	450	700	600	1000	1200	700
Bibliothèque : nombre de volumes	75	480	980	1230	1550	2100	2933	3270	3500
Nombre de prêts sur place et à domicile	125	250	480	525	675	850	1080	1210	1400
Enseignement par correspondance : nombre d'élèves	»	»	10	14	28	45	65	80	75
Correspondances internationales : nombre de correspondants	»	«	8	12	17	28	32	45	60
Bourses de séjour à l'étranger accordées aux membres de l'enseignement	6	10	8	8	9	6	6	6	6
Bourses de séjour à l'étranger accordées aux employés et employées de commerce	»	»	1	3	6	5	5	5	5
Boursiers ayant obtenu le certificat d'aptitude à l'enseignement des langues dans les écoles normales ou dans les lycées	»	5	5	6	8	5	7	4	»
Nombre de leçons, professorat, préceptorats procurés	15	28	34	48	57	80	98	115	110
Chorales :									
Nombre de réunions	»	»	»	»	30	30	30	36	32
Nombre d'auditeurs (par séance)	»	»	»	»	94	104	70	40	40

ANNEXE II

LISTE DES

*conférences, représentations, soirées musicales et littéraires
du 23 mars 1891 au 1ᵉʳ juillet 1899.*

CONFÉRENCES

Langue française.

De 1892 à 1898

11 décembre 1892. — M. Levasseur, Membre de l'Institut : De l'utilité des langues vivantes.

12 novembre 1893. — M. J. Steeg, Inspecteur Général de l'Instruction Publique : L'Étude des langues vivantes.

2 décembre 1893. — M. Foulché-Delbosc, Professeur à l'École des Hautes Études Commerciales : Quelles langues vivantes faut-il étudier?

30 janvier 1894. — Mˡˡᵉ M. Salomon, Directrice du Collège Sévigné, Membre du Conseil Supérieur de l'Instruction Publique : De l'influence de la femme dans l'œuvre de la propagation des langues étrangères.

11 novembre 1894. — M. Schweitzer, Docteur ès lettres, Agrégé de l'Université, Professeur au Collège Rollin : L'Étude des langues vivantes et la civilisation moderne.

10 novembre 1895. — M. Wahl, Agrégé de l'Université, Ancien Inspecteur général de l'Instruction Publique aux Colonies : Les langues et les intérêts économiques de la France.

15 novembre 1896. — M. Ch. Dejob, Docteur ès lettres, Maître de Conférences à l'Université de Paris : De l'importance des langues méridionales.

5 janvier 1897. — M. Ch. Schweitzer : Les Maîtres Chanteurs de Richard Wagner.

21 novembre 1897. — M. Chailley-Bert, Secrétaire Général de l'Union Coloniale française : Des langues étrangères et de l'Établissement des Français dans les colonies et les pays étrangers.

20 novembre 1898. — M. Ch. Schweitzer : Du mouvement réformiste dans l'enseignement des langues vivantes.

Langue allemande.

1891-1892

15 décembre 1891. — M. Ch. Schweitzer : Des leçons de choses dans l'enseignement des langues vivantes.

12 janvier 1892. — Mlle M. Risler, Agrégée de l'Université, Professeur à l'École Alsacienne : La jeune fille allemande à la maison, à l'école et dans la société.

2 février 1892. — M. Braeunig, Sous-Directeur de l'École Alsacienne : A travers la Suisse.

22 février 1892. — Mlle E. Meyer, Professeur : Doctor Kneipp und seine Kur.

15 mars 1892. — Mlle Kastler, Agrégée de l'Université, Professeur au Lycée Molière : Herbart.

22 mai 1892. — Mme Pfotenhauer-Laforgue, Professeur : Das Passionsspiel im Oberammergau.

1892-1893

14 décembre 1892. — M. Ch. Schweitzer : Die Belagerung von Paris.

24 décembre 1892. — M. Ch. Sigwalt, Agrégé de l'Université, Professeur au Lycée Michelet : Heine's Charakter.

10 janvier 1893. — M. Mandy, Professeur à la Société : Gottfried August Bürger, der deutsche Balladenkœnig.

17 janvier 1893. — Mlle E. Meyer : Ferienreise nach England.

22 janvier 1893. — M. J. Fritz, Professeur à l'École supérieure de Commerce du Havre : Adalbert von Chamisso.

31 janvier 1893. — M. Le Clercq, Professeur : En Algérie, mœurs et coutumes.

1893-1894

25 novembre 1893. — M. Schweitzer : Der Trompeter von Saekkingen.

2 mars 1894. — M. Ch. Sigwalt : Ueber « Die Weber », ein Schauspiel von Gerhardt Hauptmann.

11 décembre 1894. — M. Leszczynski, Professeur au Lycée Janson-de-Sailly : Ueber Lord Byron.

1894-1895

14 décembre 1894. — M. Leszcynski : Ueber die Sclaverei.

12 février 1895. — M. Bachrach, Professeur à l'Institut technologique de Vienne (Autriche) : Die Kronprätendenten, von Henrik Ibsen.

5 avril 1895. — M. Delanghe, Professeur à la Société : J. J. Rousseau's Leben und geistliche Bedeutung.

1895-1896

26 novembre 1895. — M. Jæglé, Agrégé de l'Université, Professeur au Lycée de Versailles : Scheffel's « Ekkehard », Hof-und Klostertreiben ; alamanisches Volksleben gegen Ende des Xten Jahrunderts.

19 décembre 1895. — M. Bachrach : Die Kronprätendenten, von Henrik Ibsen (2er Vortrag).

14 janvier 1863. — Mlle Schirmacher, Docteur ès lettres de l'Université de Zurich, Agrégée de l'Université : Neu Aegypten, Land und Leute.

11 février 1896. — M. Leszczynski : Schiller und Goethe als Freunde.

9 mars 1896. — M. Delanghe : Christoph Columbus Leben und Schicksale.

1896-1897

24 novembre 1896. — M. Jæglé : Gottfried Aug. Keller's Grüner Heinrich.

1er décembre 1896. — M. Leszczynski : Ueber Homer's Iliade und das Nibelungenlied.

13 janvier 1897. — M. Delanghe : Voltaire's Leben : Licht und Schatten.

5 mars 1897. — M. Weismann, Professeur à la Société : Ueber Schiller's Wallenstein.

1897-1898

24 novembre 1897. — M. Jæglé : Könige im Exil zu !Anfang des 17. Jahrhunderts.

5 janvier 1898. — M. Delanghe : Chamisso und dessen Peter Schlemihl.

9 février 1898. — Mlle Schirmacher : Von New-York nach San Francisco.

23 mars 1898. — Leszczynski : Machiavelli und seine Zeit.

20 avril 1895. — M. Lebel, Professeur : Freiligrath.

1898-1899

23 novembre 1898. — M. Jæglé : Das Nest der Böhmischen Zaunkönige.

11 janvier 1899. — M. Leszczynski : Don Carlos, Sohn Philipp's II. von Spanien, in Legende und Geschichte.

1er mars 1899. — M. Schweitzer, candidat au Doctorat en philosophie : Gedanken über das Wesen der Kunst.

19 avril 1899. — M. Delobel, Agrégé de l'Université, Professeur au Lycée de Beauvais : Sudermann.

Langue anglaise.

1891-1892

22 décembre 1891. — Mlle O'Sullivan, Professeur : La Maison : sa distribution, ses habitants.

19 janvier 1892. — M. Bernon, Professeur au Collège Royal de l'île Maurice : De l'utilité des langues vivantes.

13 février 1892. — Mlle A. Soult, Agrégée de l'Université, Professeur au Lycée Fénelon : Vie de Charlotte Bronté.

27 février 1892. — Mlle L. Loiseau, Professeur à la Société : Les Anglais chez eux. La jeune fille dans la famille.

5 mars 1892. — M. Samuel Ward, Professeur de diction : Julius Caesar, tragédie de Shakespeare.

19 mars 1892. — Mlle M. Leblanc, Professeur aux Cours de la Ville de Paris : Early Life of Queen Victoria.

22 juin 1892. — M. V. Gérard, Professeur : David Copperfield, de Ch. Dickens.

1892-1893

17 décembre 1892. — Mme Landolphe, Agrégée de l'Université, Professeur au Lycée Racine : Readings from Tennyson.

28 décembre 1892. — M. L. Bourgeois, Agrégée de l'Université, Professeur au collège Rollin : Samuel Johnson.

14 janvier 1893. — Mlle A. Soult : Sheridan.

24 janvier 1892. — Mme Landolphe et Mlle A. Soult : Sheridan, Interprétation de quelques scènes de The Rivals.

27 janvier 1893. — M. Lombard, Agrégé de l'Université : Much ado about nothing, Comédie de Shakespeare (Lecture des scènes les plus connues).

3 février 1893. — M. Lombard : Much ado about nothing (Sources de la Comédie ; les Caractères).

10 février 1893. — M. Lombard : Much ado about nothing (Unité poétique).

20 février 1893. — Mme Landolphe : A Fortnight in the isle of Wight.

8 mars 1893. — M. Malvoisin, Agrégé des lettres, de grammaire et d'anglais ; Wordsworth.

1893-1894

18 novembre 1893. — Mme Landolphe : Élisabeth Barrett Browning.

9 février 1894. — Mlle A. Soult : A lady in waiting in the time of George III.

9 mars 1894. — M. L. Bourgeois : Julius Caesar, of Shakespeare (Scenes and characters).

13 avril 1894. — M. Haussaire, Agrégé de l'Université, Professeur au Lycée Charlemagne : Disraéli : l'homme, l'écrivain, le ministre.

1894-1895

3 décembre 1894. — Mme Landolphe : Fanny Kemble, Records of a girlhood, Records of later life.

4 février 1895. — Mlle A. Soult : Scenes of english Country-life.

4 mars 1895. — M. A. W. Steed, Journaliste : Caractère et influence de la Presse Anglaise.

1er avril 1895. — M. H. Hovelaque, Agrégé de l'Université, Professeur au Lycée Buffon : Thomas Moore.

1895-1896

19 novembre 1895. — Mlle A. Soult : Scenes of english country-life.

5 décembre 1895. — Mme Landolphe : Garrick.

25 février 1896. — M. H. W. Steed : The new woman.

8 mars 1896. — M. L. Bourgeois : Swift (1re partie).

18 mars 1896. — M. L. Bourgeois : Swift (2e partie).

1896-1897

19 novembre 1896. — Mme Landolphe : Anthony Trollope. Barchester Towers. Orley Farm. Phineas Finn, the irish membre.

9 mars 1897. — Mlle A. Soult : Scens of irish Country-life.

1er décembre 1897. — Mlle A. Soult : Chaucer.

12 janvier 1898. — M. Samuel Ward : Matter and manner.

16 février 1898. — M. F. Herbert, Professeur à l'École des Hautes Études Commerciales : Les représentations dramatiques en anglais, de 1894 à 1898, à la Société.

30 mars 1898. — M. L. Bourgeois : Cymbeline.

27 avril 1898. — Mlle Coblence, Agrégée de l'Université, Professeur au Lycée Fénelon : Ancient and modern utopists.

1898-1899

30 novembre 1898. — M. Georges Burges, fellow Massachussetts Institute of technology : Some phases of education in the United States of America.

18 janvier 1899. — Miss P. Crowe : Laughing and crying.

8 mars 1900. — Mlle G. Coblence : The French judged by the English and the English judged by the French.

Langue espagnole.

1891-1892

28 janvier 1892. — M. H. Peseux, Professeur à l'École des Hautes Études Commerciales et à l'École coloniale : La langue espagnole.

9 mars 1892. — M. Contamine de la Tour : La littérature espagnole au XIXe siècle.

1892-1893

21 décembre 1892. — M. H. Peseux : La poesia popular en España.

20 janvier 1893. — Mme Clémaron, Professeur à la Société : Voyage à travers l'Amérique du Sud.

1893-1894

8 décembre 1893. — M. Larrazet, Professeur à la Société : Mon dernier voyage en Espagne.

16 février 1894. — M. H. Peseux : Impresiones de viaje.

20 avril 1894. — Mme Clémaron : Viaje á las Baleares.

1894-1895

21 novembre 1894. — M. H. Peseux : Como conocemos à España.

19 décembre 1894. — M. Larrazet, Professeur à la Société : España y sus antiguos mares.

16 janvier 1895. — M. Moreau, Professeur à la Société : Una excursión en los Pirineos.

20 février 1895. — M. Juan Custodio, homme de lettres : Caracteres morales e intelectuales de las diferentes regiones de España.

20 mars 1895. — Mme Clémaron : El desierto del Gran Chaco y el Paraguay.

1895-1896

21 décembre 1895. — M. Calderon, Bachelier de l'Université de Madrid : Comment les espagnols parlent leur langue à Madrid.

25 janvier 1886. — M. H. Peseux : Les races et les langues.

26 février 1896. — M. Delage : La maison d'Autriche en Espagne.

17 mars 1896. — M. Moreau : Las corridas de toros.

1896-1897

28 novembre 1896. — M. Calderon : El tren expreso (poema de Campoamor).

19 janvier 1897. — M. Moreau : De las reuniones de conversación de lengua castellana.

16 février 1897. — M. de Toro y Gomez : Los novelistas españoles contemporáneos.

26 mars 1897. — M. H. Peseux : De la dificultad de las lenguas fáciles.

14 avril 1897. — M. Roman, Professeur à la Société : Don Marcelino Menendez Pelayo y sus obras.

1897-1898

8 décembre 1897. — M. Lopez-Lapuya, Avocat, de l'Université de Madrid : La Universidad de Salamanca y la cultura española en el siglo XIII.

19 janvier 1898. — M. de Toro y Gomez : El Mate Marchera. Un liberal español en Francia durante la Revolución.

23 février 1898. — M. H. Peseux : Es posible una lengua universal ?

1898-1899

7 décembre 1898. — M. Lopez-Lapuya : Las academias y las corporaciones literarias de España.

25 janvier 1899. — M. Rosa de Luna, Docteur en droit, Membre corres-

pondant de l'Académie royale d'histoire de Madrid : Renacimiento de España en la Edad Media.

15 mars 1899. — M. Peseux : Del Método en la enseñanza de las lenguas vivas.

Langue russe.

1892-1893

7 février 1893. — M. Weisbrouth, Publiciste : L'Alliance franco-russe au point de vue commercial.

18 mars 1863. — M. Prianichnikow, Agrégé de l'Académie agricole de Moscou : La Russie agricole.

1893-1894

16 décembre 1893. — M. J. Deniker, Docteur ès sciences, Bibliothécaire en chef du Muséum : Les Russes en Asie.

23 février 1894. — M. P. Kouindji, Publiciste : La littérature et le peuple russes.

28 novembre 1894. — M. J. Deniker : La Corée et la guerre sino-japonaise.

1895-1896

12 décembre 1895. — M. J. Deniker : Les peuples russes.

14 février 1896. — M. J. Merpert, Journaliste : Pierre le Grand.

19 décembre 1896. — M. J. Deniker : Les langues européennes.

20 février 1897. — M. Goutmann, Professeur : Les perles poétiques de Tourgueneff.

30 mars 1897. — Mlle Waltzoff, Professeur à la Société : Gogol et sa comédie.

1897-1898

15 décembre 1897. — M. J. Deniker : Les peuples européens.

2 février 1898. — M. J. Merpert : Dostoiewsky.

9 mars 1898. — Mlle Waltzoff : Pouchkine.

1898-1899

21 décembre 1898. — Mlle Waltzoff : Les types comiques de la littérature russe.

8 février 1899. — Mlle Waltzoff : A travers la Russie, mœurs et coutumes.

29 mars 1890. — M. J. Deniker : Les Russes en Mandchourie.

Langue italienne.

1893-1894

29 avril 1894. — M. M. Cardini, Professeur de diction : Spiegazione e declamazione del 1° Canto della « Divina Commedia ».

1895-1896

25 janvier 1895. — Mme Guesnon, Professeur : Florence.
13 mars 1896. — M. Giuliani : Constantinople.

1896-1897

8 décembre 1896. — M. Sanvoisin, Professeur : Naissance et progrès de la littérature italienne jusqu'à notre époque.
27 janvier 1897, — M. Giuliani : Monaco.
13 février 1897. — M. Sanvoisin : De la fabrication des tissus de laine.

1897-1898

22 décembre 1897. — M. Ch. Dejob, Docteur ès lettres, Maître de conférences à l'Université de Paris : La gajezza italiana nel teatro comico del conte Giovanni Giraud.
26 janvier 1898. — M. M. Cardini : La zufolatore della citá di Hameln. Anedotta sulla fanciullezza di Napoleone I. Ode, il 5. maggio : in morte di Napoleone I., di A. Manzoni.
2 mars 1898. — M. di Chiara, Professeur à la Société : Gli usi e costumi siciliani.
6 avril 1898. — M. Sanvoisin : L'arte di essere felice.

1898-1899

13 décembre 1898. — M. Ch. Dejob : Goldoni. — Il matrimonio per concorso.
1er février 1899. — M. Raqueni, Directeur du journal l'*Époque* : La letteratura Italiana contemporanea.
22 mars 1869. — M. U. Cardini : Novella umoristica-italianizzata e modernizzata del conferenziere. Declamazione del 1° canto dall'Inferno di Dante Allighieri.
26 avril 1899. — M. Ch. Laltenay : L'Italiano a traverso i secoli, del XII secolo ad oggi.

Langue arabe.

1895-1896

22 février 1896. — M. Rouhi el Kaalidy, ancien Professeur à l'École du gouvernement de Jérusalem : L'Islamisme contemporain.
21 mars 1896. — M. Nahoum, Professeur : Smyrne.

1896-1897

6 avril 1897. — M. Rouhi el Khalidy : La question d'Orient au xviiᵉ siècle.

16 mars 1898. — M. Sélim-Assi, Ancien élève de l'Université Saint-Joseph de Beyrouth : La langue arabe; son importance, sa situation dans le monde.

1898-1899

11 janvier 1899. — M. Sélim-Assi : De la nécessité d'apprendre les langues modernes.

22 février 1899. — M. J. Cohen, Élève au séminaire israélite de France : La population tunisienne indigène.

12 avril 1899. — M. Élie Antebi, ancien élève des Écoles commerciales de Damas et du Caire : Diffusion de l'islamisme et de la langue du Coran.

REPRÉSENTATIONS DRAMATIQUES

SOIRÉES MUSICALES ET LITTÉRAIRES

Langue française.

5 janvier 1897. — *Les Maîtres Chanteurs*, de Richard Wagner.

12 février 1898. — *L'Or du Rhin*, de Richard Wagner.

Langue allemande.

24 mai 1892. — *Iphigénie auf Tauris*, tragédie de Gœthe (acte I, scène III).

14 janvier 1894. — *Die verdorbene Freude* (scène de Die Jaeger), de Iffland.

8 avril 1894. — *Das Porthaus in Treuenbrietzen*, comédie de Kotzebüe.

16 juin 1894. — *Ein Wort an den Minister*, comédie de Lager.

18 décembre 1895. — *Tilli*, comédie de F. Stahl. (1ʳᵉ représentation.)

10 mars 1895. — *Tilli*, comédie de F. Stahl. (2ⁿ représentation.)

19 février 1896. — *Eine volkommene Frau*, comédie de Görlitz. *Der Bibliothekar*, comédie de G. von Moser. (1ʳᵉ représentation.)

30 mars 1896. — Soirée littéraire et musicale, par la Chorale. *Die Hochzeitsreise*, comédie de Benedix.

19 avril 1896. — *Der Bibliothekar*, comédie de G. von Moser (2ᵉ représentation.)

16 décembre 1896. — Soirée littéraire et musicale, par la Chorale.
Vergesslichkeit, comédie de Görlitz. (1re représentation.)
22 janvier 1897. — *Doctor Wespe*, comédie de Benedix.
29 avril 1897. — *Vergesslichkeit*, comédie de Görlitz. (2e représentation.)
Duft, comédie de Muller.
Baedeker, comédie de Muller.
25 janvier 1898. — *Kandels Gardinenpredigten*, comédie de Moser.
Das erste Mittagessen, comédie de Görlitz.
26 avril 1898. — *Die Mumie*, de G. Rœder.
Der verwunschene Prinz, comédie de Ploetz.
19 novembre 1898. — Soirée littéraire et musicale, par la Chorale.
Die Burgruine, comédie.
24 janvier 1899. — *Der Schwiegersohn des Herrn Poirier*, comédie de E. Augier, adaptation de Roettinger.
19 février 1899. — *Der Schwiegersohn des Herrn Poirier.*

Langue anglaise.

12 mai 1894. — *Fish out of water*, comédie.
22 janvier 1895. — *Paul Pry*, comédie de John Poole.
4 février 1895. — Soirée littéraire et musicale, par la Chorale.
22 décembre 1895. — Soirée littéraire et musicale, par la Chorale.
Box and box, comédie de Maddison Morton.
31 janvier 1896. — *Our Boys*, comédie de H.-J. Byron.
22 décembre 1896. — *Aggravating Sam*, comédie de Mathews.
26 janvier 1897. — Soirée littéraire et musicale, par la Chorale.
8 avril 1897. — *The school for scandal*, comédie de Sheridan. (1re représentation.)
9 mai 1897. — *The school for scandal*, comédie de Sheridan (2e représentation.)
14 décembre 1897. — *The heir at law*, comédie de Colman jeune.
21 juin 1898. — *The magistrate*, comédie de Pinero.
17 janvier 1898. — *The bachelor of arts*, comédie de P. Hardwicker.
Ici on parle le français, comédie de Th. Williams.
24 mars 1899. — *Betsy*, comédie de F.-C. Burnand.

Langue espagnole.

16 mars 1894. — *El Sí de las niñas*, comédie de Moratin.
4 avril 1895. — *La Solteronas*, vaudeville de Cotat et Criado.
La Mama politica, comédie de Carrion.

24 avril 1896. — *El Señor Gobernador*, comédie de Vital Aza.

2 février 1897. — *El Sueño Dorado*, comédie de Vital Aza.
El Censo, comédie de Monasterio. (1ʳᵉ représentation.)

24 mars 1897. — *El Censo*, comédie de Monasterio. (2ᵉ représentation.)

6 décembre 1897. — Soirée musicale et littéraire.

20 décembre 1898. —

Langue italienne.

20 mai 1897. — Soirée littéraire et musicale.
Una Tazza di thé, comédie de Nuittor et Derby.

23 mai 1898. — Soirée musicale et littéraire.
Stanze mobigliate, comédie de M. di Chiara.

Langue russe.

7 mai 1897. — Soirée littéraire et musicale.
L'Ours, comédie de Tchekhoff.
Ne connaissant pas le gué, ne t'avance pas dans l'eau, comédie de Mansfeld.

21 décembre 1897. — *Diadiouschkina Kwartira*, comédie de Miasnitski.

10 janvier 1899. — *Les convenances*, comédie de Bilibine.
Un tragique malgré lui, comédie de Tchekhoff.
Les lettres brûlées, comédie de Gniedisch.

mettre l'enseignement des langues vivantes en harmonie avec les besoins de la Société moderne ;

3° Fonder à Paris et dans les départements des cours de langues vivantes ;

4° Établir un enseignement par correspondance à l'usage des personnes qui ne peuvent pas suivre les cours de langues étrangères ;

5° Organiser des conférences et des séances de lecture et de conversation en langues étrangères ;

6° Organiser des Congrès ouverts à toutes les personnes qui s'occupent de l'enseignement ou de la propagation des langues modernes ;

7° Créer des salles de lecture, des bibliothèques de livres et de publications en langues étrangères, et les mettre à la disposition des professeurs et des élèves ;

8° Faciliter aux élèves des cours fondés ou patronnés par la Société, à l'aide de bourses de séjour à l'étranger, les moyens de se perfectionner dans la pratique de la langue qu'ils ont étudiée ;

9° Fournir des professeurs aux Sociétés d'instruction populaire, aux familles et aux établissements d'enseignement ;

10° Grouper les professeurs et les élèves des cours de langues vivantes et établir entre eux des liens d'amitié et de solidarité, de manière qu'ils puissent se prêter une mutuelle assistance dans leurs études, la recherche ou l'amélioration de leur position sociale ;

11° Procurer aux Sociétaires des leçons, professorats, préceptorats, pensionnaires français ou étrangers, échanges de leçons, traductions littéraires ou commerciales, etc. ;

12° Organiser des voyages en pays étranger ;

13° Correspondre avec les principaux établissements ou Sociétés d'instruction de tout ordre existant en France ou à l'étranger, dans lesquels les langues vivantes sont enseignées ;

14° Consigner dans un Bulletin les résultats obtenus et y intéresser les amis de l'instruction ;

Le siège social est établi à Paris, à l'Hôtel des Sociétés savantes, rue Serpente, 28.

CHAPITRE II

DES SOCIÉTAIRES

Art. 3. — La Société se compose :

1° De Membres bienfaiteurs, qui font un don minimum de 1.000 francs ;

2° De Membres fondateurs, qui font un don minimum de 500 francs ou qui payent une cotisation annuelle de 100 francs ;

3° De membres donateurs, qui font un don minimum de 100 francs ou qui payent une cotisation annuelle de 20 francs ;

4° De membres titulaires, qui font un don minimum de 60 francs ou qui payent une cotisation annuelle minimum de 6 francs.

Nota. — Les dames participent à tous les avantages de la Société.

CONDITIONS D'ADMISSION

Pour devenir Membre de la Société, il suffit d'adresser une demande au Conseil d'administration et de verser l'un des dons ou la cotisation annuelle de 6 francs déterminée ci-dessus.

CONFÉRENCES ET DISCOURS

Prononcés au grand Amphithéâtre de la Sorbonne et publiés par la Société.

De l'utilité des langues vivantes, conférence par M. E. Levasseur, de l'Institut, Professeur au Collège de France.

Des langues vivantes (méthode et enseignement), conférence par M. Jules Steeg, Inspecteur général de l'Instruction Publique.

Discours de M. E. Lourdelet, Membre de la Chambre de commerce.

Des langues vivantes et de la civilisation, conférence par M. Charles Schweitzer, Docteur ès lettres, Directeur de la Société.

Discours de M. E. Levasseur, de l'Institut.

Des langues vivantes et des intérêts économiques de la France, conférence par M. Maurice Wahl, Inspecteur général de l'Instruction publique aux colonies.

Discours de M. Bosseur, Inspecteur général de l'Instruction publique, délégué de M. Léon Bourgeois, Président du Conseil des ministres, empêché.

De l'importance des langues méridionales, conférence par M. Charles Dejob, Maître de conférence à la Sorbonne.

Discours de M. Jules Siegfried, Député, ancien Ministre.

Des langues étrangères et de l'établissement des Français dans les colonies et les pays étrangers, conférence par M. Chailley-Bert, Avocat, Secrétaire général de l'Union coloniale française.

Discours de M. Henry Boucher, Ministre du Commerce et de l'Industrie.

Du mouvement réformiste dans l'enseignement des langues vivantes, conférence par M. Ch. Schweitzer, Docteur ès sciences, Agrégé du Lycée Janson-de-Sailly.

Discours de M. E. Levasseur, de l'Institut.

De l'utilité de la connaissance des langues étrangères au point de vue de l'étude du droit, par M. Lyon-Caen, Membre de l'Institut.

A travers les langues étrangères (impressions de voyage), par M. Weulersse, ancien boursier de voyage de l'Université de Paris, professeur agrégé d'histoire au Lycée d'Orléans.

La Connaissance des langues Étrangères et les Voyages au point de vue français, par M. Métin, ancien boursier de voyage de l'Université de Paris, professeur agrégé d'histoire à l'École Lavoisier et au Collège libre des Sciences Sociales.

BROCHURES DIVERSES

Notices sur la Société pour la propagation des langues étrangères en France (Année 1894 et année 1899).

Étude sur l'enseignement des langues vivantes, par M. J.-B. Rauber, Président de la Société pour la propagation des langues étrangères en France (Mémoire adressé au Ministre de l'Instruction publique et à celui du Commerce et de l'Industrie).

De la part des femmes dans la propagation des langues vivantes, conférence par Mlle Mathilde Salomon, Directrice du Collège Sévigné, Membre du Conseil supérieur de l'Instruction publique.

Rapport de la Société au Congrès libre des Sociétés d'instruction et d'éducation populaires, tenu au Havre en 1895.

Rapport de la Société à l'Exposition internationale de Bruxelles (1897).

Chaucer, conférence en langue anglaise par Mlle Amélie Soult.

De la méthode directe dans l'enseignement des langues vivantes. — Trois mémoires primés au concours pédagogique ouvert en 1898 par la Société, comprenant : 1° Le mémoire de M. Laudenbach, Professeur agrégé au lycée Saint-Louis (médaille d'or). 2° Le mémoire de Paul Passy, Docteur ès lettres, Professeur à l'École des Hautes-Etudes (médaille de vermeil). 3° Le mémoire de M. Delobel, Professeur agrégé au lycée de Beauvais (médaille d'argent).

Les Maîtres Chanteurs de Richard Wagner (traduction française de M. Alfred Ernst). Soirée musicale du 12 février 1898,

Audition intégrale de Rheingold (*L'Or du Rhin*) de **Richard Wagner** (traduction de M. Alfred Ernst). Soirée musicale du 12 février 1898.